Planificación Estratégica

Planificación de mercadotecnia
Para la pequeña y mediana empresa

Herramientas para enfrentar el impacto de la globalización económica

Edición revisada

2013

Pedro N. González

Planificación Estratégica

Nota al lector:

Hemos revisado nuestro formato de nuestra edición anterior y decidimos tomar el reto de elaborar algunos nuevos modelos que representan los sistemas más inteligentes y practico de enfrentar los retos de la planificación estratégica, para la pequeña y mediana empresa.

Estamos muy conscientes que en la mayorías de las veces resulta frustrante, para el pequeño empresario, el mantenerse a flote, con tantas dificultades, que a duras pena después de luchar tanto, verse asimismo dentro del atolladero que genera la ausencia de recursos para ser exitoso en su empresa. El problema se agudiza más ante la ausencia de respuestas, para entender el ambiente que circunde en nuestra agotada economía de Mercado...

En este libro te ofrecemos aquellas herramientas, que nuestra experiencia nos confirma que son necesarias para el éxito empresarial distintamente de las características individuales de la empresa.

Planificación Estratégica

Planificación Estratégica

Índice de materia

Contenido	Página
Introducción	4-8
Capítulo I PROCESO DE PLANIFICACION	9-20
Capítulo II Sistema de investigación	21-30
Capítulo III Uso y aplicación.	31-38
Capítulo IV Planificación Estratégica...	38-59
Capítulo V Futuro de la Planificación...	59-65
Capítulo VI Modelo estructural...	66-74

Planificación Estratégica

Introducción

Nuestra economía se enfrenta al periodo mayor de incertidumbre económica, jamás visto en nuestra historia. Las grandes economías enfrentas problemas serios. Y los mercados lucen cada vez más inciertos, aumentando los riesgos tradicionales a los que se enfrenta la mediana y pequeña empresa. Estas circunstancias ponen de relieve la importancia fundamental de la planificación estratégica como herramienta de trabajo del empresario exitoso.

Antes que nada debemos comenzar por echar una mirada cercano al concepto de Planificación Estratégica. Comencemos por entender que la planificación es ante todo un proceso apasionante, que permite a cualquier organización ser proactiva en vez de reactiva en la formulación de sus acciones futuras. Por tanto se hace indispensable el diseño de planes estratégicos para que las empresas puedan lograr sus objetivos y metas, a corto, mediano y largo plazo, respondiendo a su capacidad y su tamaño.

Planificación Estratégica

Solamente atreves de este proceso se define de antemano las actividades que debe de <u>ejecutar</u> cada unidad operativa, indistintamente de la estructura organizacional que tenga la empresa, sean a niveles superiores o niveles inferiores.

Para que la implantación de estrategias sea exitosa, es importante el compromiso de todos los componentes de la empresa, esto implica realizar un buen trabajo en equipo y un proceso de coordinación y ejecución efectivo.

Es sumamente importante que las empresas sepan exponer con exactitud y cuidado la misión y visión que pretenden seguir, en esta etapa de la planificación estratégica; la misión es fundamental, ya que ésta canalizara la trayectoria en las funciones operativas que se van a ejecutar en el mercado.

La mayoría de los autores de estrategias empresariales coinciden en la presunción de que la planificación estratégica es más un arte que una ciencia, fundamentado en el hecho de que para desarrollar estas estrategias se requiere del diseño de preguntas inteligentes, que puedan generar posibles respuestas, o experimentar con posibles soluciones.

Planificación Estratégica

El proceso consiste en ir evaluando las respuestas obtenidas en cada período y descartando aquellas que no resultan de beneficio para el desarrollo final del plan.

La planificación estratégica, en su proceso inicial se constituye en un sistema de análisis gerencial que pretende determinar ¿qué objetivos lograr? Para luego determinar cómo lo vamos a realizar (estrategias). La planificación estratégica nos permite concentrarnos sólo en aquellos objetivos que se puedan lograr y en qué negocio o área debemos competir, en relación con las oportunidades y amenazas que enfrentamos en el entorno Económico, legal, social y político de la empresa. De esta manera la planificación estratégica de la mercadotecnia es vista como un proceso administrativo encaminado a desarrollar y mantener una relación viable entre los objetivos y recursos de la organización y las oportunidades cambiantes del mercado.

El objetivo primario de la planificación estratégica es modelar y remodelar los posibles negocios y productos de la empresa, de manera que se combinen los elementos de precio, producto, plaza y promoción, que le genere a la empresa, las expectativas de ingresos que promuevan su desarrollo y beneficios necesarios.

Planificación Estratégica

Desde esa perspectiva la planificación estratégica debe guiar a la empresa en la selección y organización de sus negocios de manera que se mantenga una buena salud financiera pesar de posibles sucesos inesperados, en cualesquiera de sus negocios

Para fines prácticos hemos tomado tres enfoques organizacionales que le permitirán a usted como lector aplicar el concepto de planificación estratégico, para la pequeña empresa. Han sido el resultado de nuestra experiencia en el campo de los negocios y esperamos que les sean de gran utilidad.

El primer concepto se fundamenta en la visión de que los negocios de la empresa se administraran como cartera de inversiones. Por tanto el enfoque del proceso de planificación se concentra básicamente en determinar qué negocios merecen ser estructurados, sostenidos, suprimidos en algunas fases, o eliminados. Por tanto en cada negocio hay que considerar su potencial para generar utilidades, por lo que los recursos de la organización deben orientarse de acuerdo con el potencial que cada negocio ofrece.

Planificación Estratégica

El segundo concepto consiste en evaluar con precisión el potencial para generar utilidades a futuro de cada negocio, considerando la tasa de crecimiento del mercado, así como la posición de la organización.

El tercer concepto es el de las estrategias funcionales; en la que se implica la particularidad de cada uno de los negocios, la empresa debe desarrollar un plan de juego para lograr sus objetivos a largo plazo. Cada empresa debe determinar qué es lo más importante a la luz de su posición en el mercado y de sus objetivos, oportunidades y recursos.

Esperamos que la información que hemos preparado para ustedes, les permita desarrollar un buen proceso de planificación estratégico para su empresa.

Capítulo I

PROCESO DE PLANIFICACION ESTRATÉGICA

A Nivel macro organizacional

Para iniciar el proceso de Planificación Estratégica de debe tener claro que es y en qué consiste. La experiencia nos lleva a concluir que es mejor iniciar el proceso con el establecimiento de metas organizacionales, Luego las estrategias y políticas para lograr esas metas, y por último se desarrollan los planes más detallados para asegurar la implantación de las estrategias y así poder obtener nuestros propósitos. Es muy importante considerar que para darle mayor oportunidad de éxito al proceso debemos decidir de antemano que tipo de esfuerzos de planificación es el más adecuado cuándo y cómo debe de realizarse. También es recomendable establecer claramente quién va a ser la persona que habrá dirigir el proceso y qué se hará con los resultados.

Planificación Estratégica

La planificación estratégica tiene que darse en forma sistemática y cinegética, por tanto su proceso tiene que estar bien organizada y ajustada a las características propias una realidad entendida. Desde esa perspectiva este debe ser considerado como un proceso continuo, flexible e integral, que le permita a la empresa obtener una mejor capacidad de dirección. Además de que le permita a la gerencia la posibilidad de definir la evolución que debe de seguir su organización para maximizar las oportunidades actuales y futuras de su entorno.

Planificación Estratégica

El Proceso de Planificación Estratégica

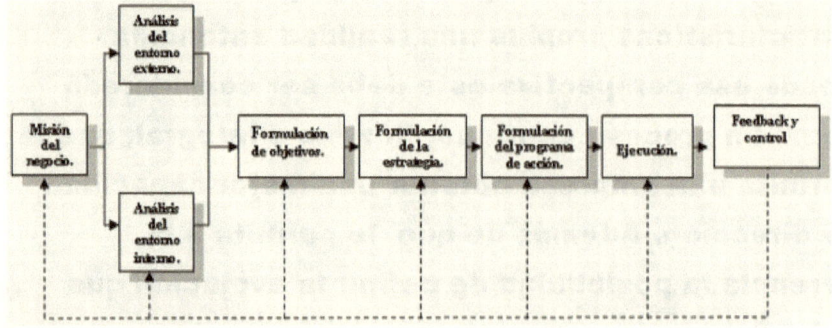

Figura #1. Proceso de Planificación Estratégica Corporativa.

Planificación Estratégica

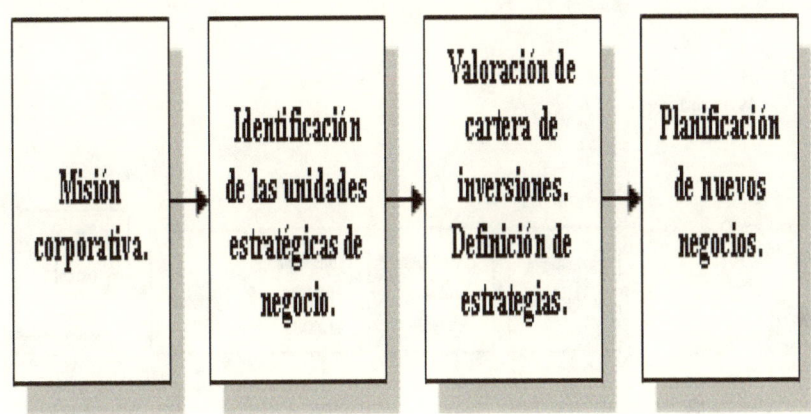

1 Misión

La misión debe basarse en el entorno de mercado influye en la misión de la organización, este define las principales amenazas y oportunidades que deben tenerse en cuenta. Los recursos de la compañía determinan qué misiones son posibles las empresas deben basar su misión en las ventajas competitivas.

Planificación Estratégica

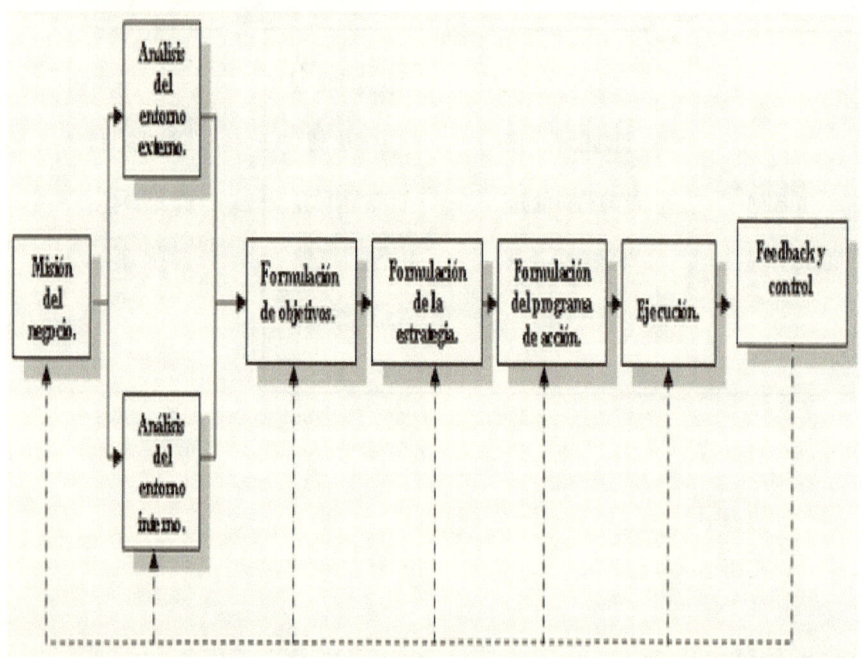

Figura #2. El Proceso de Planificación Estratégica

2. Análisis del ambiente Externo.

La empresa tiene que estar al día en las fuerzas claves del macro entorno ambiental compuesto por fuerzas demográficos, económicas, tecnológicas, político, legales y socio/culturales que afectan a su negocio. Debe también comprender quiénes son los actores más significativos del micro ambiente organizacional, clientes, competidores, <u>canales de distribución</u>, suplidores los que afectan a su capacidad de obtener beneficios en el mercado.

Planificación Estratégica

3. Análisis del Ambiente Interno de la empresa

Cada empresa debe considerar su capacidad competitiva en cada área de negocio considerando elaborar sus puntos débiles y fuertes, en busca de aprovechar sus ventajas competitivas. Una ventaja competitiva se consigue cuando se es relativamente mejor que la competencia en un factor importante.

Es fundamental el examen minucioso y detallado de los puntos fuertes y débiles de la empresa. Entender su nivel competitivo para minimizar sus debilidades, y aprovechar al máximo sus puntos fuertes.

4. Formulación de Objetivos.

Para que este sistema funcione, los distintos objetivos deben estar jerarquizados, ser cuantitativos, reales y consistentes. Es recomendable ordenar los objetivos jerárquicamente, de los más a los menos importantes en la medida de lo posible, los objetivos deben formularse cuantitativamente.

Planificación Estratégica

Es una práctica normal el que utilicemos el término meta, para describir aquellos objetivos que son específicos en magnitud y tiempo. La conversión de objetivos generales en objetivos concretos facilita el proceso de planificación, gestión y control.

Un negocio debe escoger objetivos reales y factibles. Los niveles deben provenir de un análisis de oportunidades y puntos fuertes, no de una simple expresión de deseos. Finalmente los objetivos deben ser consistentes o se generará confusión.

5. Formulación de la Estrategia.

Los objetivos indican hacia donde se quiere dirigir el negocio y la estrategia define como llegar hasta allí.

Diferenciación, la empresa se concentra en alcanzar rendimientos superiores en relación con alguna importante ventaja valorada por el mercado en su conjunto, y en aquellos puntos fuertes que le darán una ventaja competitiva en relación con un beneficio concreto. De esta manera se promueve que el negocio se centre en uno o más segmentos concretos del mercado en lugar de atender a la totalidad del mismo.

Planificación Estratégica

6. Formulación de Programas.

Una vez que el área de negocio ha desarrollado las estrategias parar alcanzar sus objetivos, debe definir sus programas para llevarlas a cabo. **Gestión de los Programas.**

El hecho de que la empresa haya desarrollado una clara estrategia y unos bien pensados programas puede no bastar, porque puede fallar en la gestión de los programas

7. Control de los Resultados.

A medida que se van tomando decisiones, la empresa necesita controlar los resultados y los desarrollos que sucedan en el entorno. La empresa puede contar, de hecho, conque el entorno cambiará durante el período planificado y que se verá entonces presionada a hacer los ajustes apropiados en una o más de las fases del proceso planificador si quiere alcanzar sus objetivos.

Algunas empresas revisan permanentemente su planificación estratégica, adaptando sus programas a las condiciones cambiantes del medio, manteniendo sus objetivos y estrategia principales.

Planificación Estratégica

Por otra parte, algunas empresas dominantes fallan en darse cuenta cuándo su demanda o su entorno cambian de un comportamiento estable a un comportamiento turbulento y no responden con la rapidez suficiente.

El esfuerzo estratégico permite a una organización identificar mejor dónde están las oportunidades de negocio, evitar la improvisación y errores que pueden resultar muy costosos, descubrir cuáles ventajas competitivas **Lanzamiento de nuevos productos.**

Encontrar las características de una estrategia para diversificación de nuevos productos:

- **Productos nuevos para el mundo:** son los que crean un mercado totalmente nuevo.
- **Nuevas líneas de productos:** se trata de productos nuevos de una compañía que le permiten entrar por primera vez en un segmento de mercado.
- **Incorporaciones de productos a las líneas:** son nuevos productos que completan las líneas ya existentes.
- **Mejoras o revisiones en los productos ya existentes:** consiste en nuevos productos que proporcionan un mejor comportamiento o que se perciben como de un mayor valor por el mercado, reemplazando a los anteriores.

Planificación Estratégica

- **Reposicionamientos:** se trata de productos ya existentes que se acercan a nuevos mercados o segmentos.
- **Reducciones de costos:** creación de nuevos productos que proporcionen rendimientos similares a costos más bajos.

Las empresas deben saber reconocer la necesidad y ventajas de desarrollar regularmente nuevos productos. La clave para una innovación exitosa radica en poseer una organización adecuada que maneje las ideas de nuevos productos y desarrolle una correcta investigación de marketing, que supone la recogida de información relevante para resolver un problema concreto.

Capitulo II
Sistema de Investigación de Marketing.

La <u>investigación de mercados</u>, es un concepto gerencial que cada día se abre más su campo de aplicación dentro de la pequeña y mediana empresa.

La investigación de marketing consiste en el diseño, recogida, análisis de datos e información relevante para resolver un problema concreto de marketing con el que se enfrenta la empresa.

La investigación de mercado se lleva a cabo para comprender mejor un problema, esta supone un proceso en el que se deben realizar cinco pasos:

Planificación Estratégica

Figura #4. Proceso de Investigación de Marketing

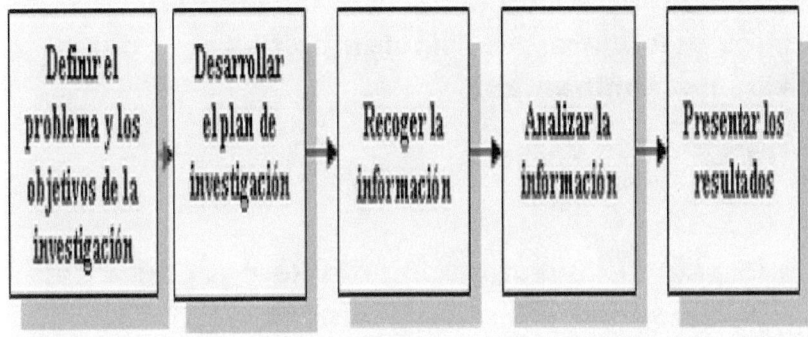

Fuente: Kotler, Philip. Dirección de Marketing: Análisis, Planificación, Gestión y Control. 1996.

1 Definir el Problema y los Objetivos de la Investigación.

El primer paso a dar es definir cuidadosamente el problema y ponerse de acuerdo en los objetivos de la investigación porque a menos que el problema se defina bien, el coste de la recogida de datos puede muy bien exceder el valor de los hallazgos.

2. Desarrollo del Plan de Investigación.

El segundo paso es el diseño de un método para recoger la información necesitada. Para esto debemos considerar los siguientes factores como criterios determinantes:

a. fuentes de datos

b. El plan de investigación requiere recoger datos secundarios primarios o ambos.

c. <u>Fuentes secundarias</u>: usualmente los investigadores comienzan la investigación examinando las fuentes secundarias de datos para comprobar si su problema se puede resolver de manera parcial o total, sin necesidad de recoger los costosos datos primarios. Las fuentes de datos secundarios disponibles incluyen tanto las fuentes internas (<u>cuentas</u> de pérdidas y ganancias de la compañía, informes de ventas, informes previos de investigación), como las externas (publicaciones de <u>gobierno</u>, <u>bancos</u> de datos, <u>libros</u>, servicios comerciales.

Planificación Estratégica

d. <u>Datos primarios</u>: la mayoría de los proyectos de investigación de marketing conllevan, en alguna medida, la recogida de datos primarios, que si bien es más costosa, implica usualmente información más relevante para el problema concreto.

Métodos de investigación

Los datos primarios se pueden recoger de cuatro formas: observación, reuniones de grupo, <u>entrevistas</u> y diseños experimentales.

1. **La investigación a través de la observación**: a través de la observación de las personas y lugares idóneos, pueden obtenerse datos relevantes. Los investigadores pueden observar el comportamiento cuando ocurre naturalmente o en situaciones fingidas. Este tipo de investigación puede utilizarse para obtener información que la gente no desea o es incapaz de proporcionar.

2. **La investigación a través de las reuniones de grupo**: una dinámica de grupo es una reunión de seis a diez personas que pasan varias horas con un entrevistador adiestrado para discutir un proyecto, servicio, organización u otro problema de marketing.

Planificación Estratégica

La dinámica de grupos constituye una útil etapa exploratoria, a desarrollar antes de diseñar una investigación a gran escala. Proporciona intuiciones sobre las percepciones, <u>actitudes</u> y satisfacción de los consumidores, que ayudan a definir los temas a investigar de una manera más formal.

3. <u>La investigación a través de la entrevista</u>: las entrevistas se encuentran a mitad de camino entre la observación y la dinámica de grupos por una parte, y la investigación experimental por otra. Las compañías desarrollan entrevistas para comprender los conocimientos, creencias, preferencias y satisfacción de los consumidores y medir estas magnitudes sobre el total de la población.

4.<u>La investigación experimental</u>: el método de investigación de mayor validez científica es la investigación experimental que requiere seleccionar grupos similares de sujetos, sometiéndoles a tratamientos diferentes, controlando variables extrañas y chequeando si las diferencias de respuestas son significativas estadísticamente.

El propósito de la investigación experimental es conseguir relaciones causa-efecto, eliminando explicaciones competitivas de los resultados observados.

Planificación Estratégica

Instrumentos de Investigación.

A la hora de recoger datos primarios, los investigadores de marketing pueden escoger entre dos clases de instrumentos: los cuestionarios y los instrumentos mecánicos.

> a. **Cuestionarios**: es el instrumento más común para recoger datos primarios, un <u>cuestionario</u> consiste en un conjunto de preguntas que se presentan a los encuestados para obtener sus respuestas. Es un instrumento muy flexible porque existen diversas formas de preguntar. La forma en que se haga la pregunta puede influenciar la respuesta.

Los investigadores de marketing distinguen entre preguntas cerradas y abiertas. Las preguntas cerradas se caracterizan por tener preestablecidas todas las posibles respuestas y el entrevistado tiene que hacer una elección entre ellas. Las preguntas abiertas permiten a los entrevistados responder con sus propias palabras.

Planificación Estratégica

b. **Muestreos probabilísticas:** *muestreo aleatorio simple*, cada miembro de la población tiene la misma probabilidad de ser elegido. *Muestreo aleatorio estratificado*, se divide la población en grupos mutuamente excluyentes, y se toman muestras aleatorias de cada grupo. *Muestreo por áreas*, se divide la población en grupos mutuamente excluyentes, y el investigador toma una muestra de los grupos a investigar.

c. **Muestreos no probabilísticas:** *muestreo de conveniencia*, el investigador selecciona los miembros de la población más accesibles para obtener información. *Muestreo de juicio*, el investigador utiliza su juicio para seleccionar los miembros de la población que proporcionen información más precisa. *Muestreo por cuotas*, el investigador determina y entrevista un número determinado de personas en cada categoría.

Métodos de contacto.

a. El cuestionario por correo es la mejor forma de llegar a individuos que no concederían entrevistas personales o cuyas respuestas podrían distorsionar los entrevistadores.

b. En las encuestas personales, los encuestados pueden dar contestaciones más honestas o respuestas a preguntas más personales.

Planificación Estratégica

c. Las entrevistas telefónicas son el mejor método y el más rápido para obtener información, ya que nos permiten flexibilidad, un mayor control de la muestra y a la vez le permite al entrevistador aclarar las preguntas que no se entienden.

d. Las entrevistas personales se pueden realizar de dos formas, concertadas y no concertadas. Las primeras suponen que se pidan de antemano, las no concertadas consisten en hablar con la gente en sus hogares u oficinas, en la calle o en centros comerciales, el entrevistador debe ganarse su cooperación.

Recolección de los Datos.

El recogido de los datos, es generalmente el proceso más costoso y el más propenso a cometer errores. Sobre todo en el caso de las entrevistas surgen cuatro posibles tipos de problemas:

1. entrevistados no están en casa y deben ser reemplazados
2. los que se niegan a cooperar
3. Los que ofrecen respuestas sesgadas o deshonestas deliberadamente
4. Los entrevistadores que son deshonestos.

La investigación experimental.

En la investigación experimental la selección del equipo de investigación es fundamental. Los investigadores deben preocuparse de la formación de los grupos y de decidir las variables de control; de no influenciar a los participantes con su presencia de administrar el tratamiento de manera uniforme y de controlar los factores externos.

Análisis de la Información.

El siguiente paso en el proceso de investigación de marketing consiste en extraer conclusiones a partir de los datos. El investigador tabula los datos, desarrolla tablas de distribución de frecuencias y extrae medias y medidas de dispersión de las variables más significativas. Posteriormente intentará aplicar alguna de las técnicas estadísticas más avanzadas y de los modelos de decisión con la esperanza de descubrir información adicional.

.Presentación de los Datos.

El investigador de mercado debe presentar los hallazgos más relevantes en relación con las decisiones de marketing a las que se enfrenta la dirección

Planificación Estratégica

Capítulo III

Uso y aplicación de la planificación estratégica, para la mediana y pequeña empresa.

Enfoque tridimensional, Planificar, Organizar y controlar.

En la primera parte de este libro, te ilustramos y explicamos, los métodos, herramientas y procedimiento, que tradicionalmente usan las corporaciones, en los proceso de planificación estratégica. Durante la segunda parte de este libro te vamos a guiar en la aplicación y uso de la planificación estratégica, para la mediana y pequeña empresa.

Administración estratégica en la pequeña y mediana empresa una necesidad actual. El surgimiento de la administración estratégica en la pequeña y mediana empresa y de los administradores innovadores en las pequeñas y medianas empresas han tenido un éxito extraordinario transformando sus organizaciones en unidades eficientes y eficaces, atreves del diseño de buenas estrategias, tanto es así que los más prestigiosos escritores y estudiosos de la administración lo han reconocido como un factor clave en el éxito organizacional de este importante sector organizacional.

Planificación Estratégica

La razón fundamental para este reconocimiento es su enfoque estratégico que se fundamenta en cuatro ideas o preceptos básicos, que son:

1.- Las "acciones" a emprender para lograr los objetivos, como en los objetivos, mismos.

2.- La "búsqueda" de ideas claves en lugar del rutinario principio de implantar las políticas basándose en una sola idea que podía o no necesitar una consideración.

3.- Interés en "cómo" se formula la estrategia, no únicamente en qué resultara de ella.

4.- Abandonar lo convencional de que la relación entre empresa y su entorno era más o menos estable y previsible.

Factores determinantes en la implantación de la planificación estratégica para la mediana y pequeña empresa:

1.- La "planificación estratégica" resultó apropiada en el mundo organizacional.

2.- El papel del administrador a la hora de implantar la planificación estratégica.

Planificación Estratégica

<u>En los conceptos de planificación estratégica antes expuestos se puede apreciar varios aspectos en común, tales como:</u>

1. <u>Es un proceso que se utiliza para definir y alcanzar las metas organizacionales.</u>
2. <u>Proceso en que se deben establecer los mecanismos necesarios para poder evaluar el cumplimiento de lo acordado.</u>
3. <u>Es un proceso de planificación a largo plazo.</u>
4. <u>Se realiza sobre la base de un análisis del ambiente.</u>

B. **Características de la planificación estratégica**

Se puede observar que esta se ocupa de cuestiones fundamentales. La planificación estratégica da respuesta a preguntas como las siguientes:

1. ¿En qué negocio estamos y en qué negocio deberíamos estar?
2. ¿Quiénes son nuestros clientes y quienes lo deberían ser?

Al mismo tiempo, la planificación estratégica ofrece un marco de referencia para una planificación más detallada para la t**Documentación de Respaldo:**

de la planificación estratégica para la pequeña empresa:

La planificación estratégica ofrece puntos importantes para las actividades de la organización. Al servirse de ella los gerentes dan a su organización objetivos definidos con claridad y métodos para lograrlo. Este proceso de planificación estratégica les ayuda a prever los problemas antes que surjan y a afrontarlos antes que se agraven, también ayuda a los gerentes a reconocer las oportunidades seguras y riesgosas y a elegir entre ellas.

Todo este proceso de planificación y dirección estratégica consiste en un conjunto organizado de elementos integrados y ordenados lógicamente entre sí, que tienden hacia un mismo fin, cuyo resultado global es superior al resultado de cada uno de ellos separadamente, implica adaptación, cambio y flexibilidad. Es por eso que en estos tiempos convulsos de constantes cambios, requiere de un esfuerzo mayor del concepto de gerencia estratégica o gestión Estratégica es ya que permite a las organizaciones ser proactivas en la proyección del futuro.

Planificación Estratégica

Debemos tener en cuenta que esta herramienta es la brújula, en la determinación correcta del destino de la mediana y pequeña empresa.

Existen muchos modelos de dirección estratégica, dentro de ellos se encuentran los modelos de decisión u optimización, los cuales son útiles en la planificación para la determinación del mejor curso de acción entre alternativas disponibles.

Los modelos para la formulación, implantación y control de la estrategia requieren de cierta flexibilidad y de un mínimo de estructuración, permitiendo el uso de diferentes herramientas que contribuyen a la intensificación del pensamiento creativo para así ofrecer las soluciones adecuadas.

La planificación estratégica es vital e indispensable ya que determina el resto del proceso que permite proyectarse hacia el futuro. Planificar es sin duda una de las actividades características del mundo contemporáneo, la cual se vuelve más necesaria ante la creciente interdependencia y rapidez que se observa en el acontecer de los fenómenos económicos, políticos, sociales y tecnológicos.

No obstante la planificación sigue siendo en esencia un ejercicio de sentido común, a través de esta se pretende entender en primer término los aspectos cruciales de una realidad presente, para después proyectarla, diseñando escenarios de los cuales se busca finalmente el mayor provecho.

De ahí se dice que el carácter estratégico de la planificación no se trata solo, de prever un camino sobre el que debemos de transitar, sino que se busca anticipar su rumbo y si es posible cambiar su destino, el objetivo de la planificación estratégica no es solo planificar sino realizar en forma ordenada un amplio número de actividades que a su vez, implican el uso de recursos humanos y materiales.

Un aspecto importante en la planificación es su actualización, pues un plan que no se actualiza no tiene la misma vigencia que un rayo en la oscuridad, en su efecto, tan efímero, solo nos permitiría conocer momentáneamente el camino, pero finalmente lo recorreremos a oscuras.

D. Importancia de la planificación estratégica

La importancia de la planificación estratégica consiste, en establecer un camino bien definido en el cual la empresa puede conducirse firmemente en el presente y orientar su futuro.

Planificación Estratégica

Con la planificación estratégica, se desarrolla una visión de lo que se quiere alcanzar a largo plazo, al mismo tiempo permite dar claridad sobre lo que se quiere decir y a donde se quiere llegar.

Sin planes, los administradores de la pequeña y mediana empresa, no pueden saber cómo organizar a la gente y los recursos; puede que no tengan ni siquiera la idea clara de qué es lo que necesitan organizar. Sin un plan, no pueden dirigir con confianza o esperar que otros los sigan. Y sin un plan, los administradores y sus seguidores tienen muy pocas probabilidades de lograr sus metas o de saber cuándo y dónde se están desviando de su camino. El control se convierte en un ejercicio útil. Con frecuencia, los planes erróneos afectan la salud de toda la organización.

E. Futuro de la planificación estratégica

El rompimiento de fronteras al comercio mundial es un hecho, las tasas arancelarias tienden a desaparecer esto implica un comercio mundial libre las condiciones tributarias llaman la atención a los inversionistas extranjeros, lo cual da lugar a una competencia fuerte, todo esto como parte de la globalización económica.

Planificación Estratégica

Para sobrevivir entonces habrá que competir, y para competir se debe de producir, esta producción requerirá eficiencia y eficacia, dentro de un marco de calidad, pero la calidad es una estrategia y las estrategias se deben de planificar.

Habrá necesidad de segmentar el mercado, de contratar más personal, de aumentar la capacidad de la empresa, de mejorar la calidad del producto, de generar nuevos productos.

A cualquiera de estas opciones tendrá que decidir la empresa, en consecuencia, la pequeña empresa y la mediana empresa, tendrán que trabajar mucho, planificar su futuro y definir sus estrategias a mediano y largo plazo.

La planificación estratégica tendrá entonces mayor auge, como ya lo está teniendo hoy en día, los pequeños empresarios aplican muchas estrategias para resolver sus problemas inmediatos y no se dan cuenta.

Si el empresario planificara estas estrategias, actuaría de una manera más correcta, cuanto antes se dé cuenta el pequeño empresario, este estará preparado para enfrentar el futuro, más terreno se habrá avanzado, reducirá así el riesgo y aumentara las oportunidades de la empresa, mayormente si define y planea estratégicamente.

Capítulo IV
Proceso de la planificación estratégica para la mediana y pequeña empresa.

La planificación estratégica es un proceso de reflexión ante la actual misión, tomando en cuenta los recursos de la empresa y situación del medio en que esta ópera, con el objetivo de tomar decisiones a mediano y largo plazo basadas en estrategias globales y específicas.

Este proceso se orienta en una forma integrada, partiendo de un análisis de recursos con que cuenta una organización, y por su puesto sus oportunidades, debilidades y riesgos que enfrenta.

Basados en estos análisis, se define la estrategia corporativa de la empresa o estrategia global, esto es previo a definir los objetivos operacionales de la empresa.

La estrategia o las estrategias seleccionadas son las que definirán la visión de la empresa.

Estas estrategias deberán posteriormente ser instrumentadas, es decir deberán introducirse a los planes, programas y políticas de la empresa.

Planificación Estratégica

El proceso de planificación estratégica define 10 pasos:

a. Definir la visión.
b. Definir la misión de la organización.
c. Establecer los objetivos.
d. Analizar los recursos de la organización.
e. Examinar el ambiente.
f. Hacer predicciones. Analizar oportunidades y riesgos.
g. G. Identificar y evaluar estrategias alternativas.
h. H. Seleccionar estrategias.
i. Instrumentar las estrategias.

A continuación se da el detalle de cada paso:

A. Definir la visión:

La misión es el propósito de una empresa, es decir, su meta global que encierra todas las acciones y decisiones de una organización.

B. Concepto básicos para definir misión

La misión debe contener los principios, creencias y valores de la organización, y estar orientada hacia al cliente.

Planificación Estratégica

Además debe tener un sentido social, pensar en ayudar, en colaborar con el consumidor, cuando se hace un producto o servicio, pensando en el consumidor quedara satisfecho, y esto origina un sentimiento de **respeto** lealtad hacia el cliente.

Toda misión debe responder a preguntas como:

- ¿En qué negocio estamos?
- ¿Cuál es el objetivo de la organización?
- ¿Quiénes son los consumidores o usuarios?
- ¿Por qué nos compran?

A continuación se presenta un esquema de cómo se conectan la misión, la organización y los clientes.

Planificación Estratégica

Figura No. 3

La misión y la organización

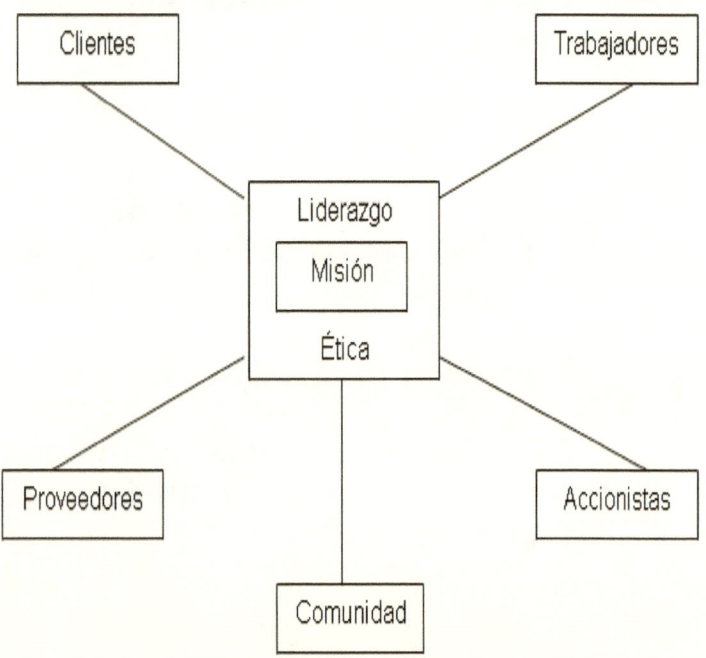

Fuente: Elaboración Propia

Planificación Estratégica

Como puedes observar en el diagrama anterior la misión esta enlazada y relacionada con la organización de la empresa, debido a que en esta se encuentran los trabajadores, los accionistas, los proveedores y clientes, los cuales forman una comunidad en la empresa, pero esta comunidad depende del liderazgo y la ética que posee el gerente para llevarlos a cumplir con la misión de la empresa.

Establecer objetivos

En el establecimiento de objetivos, la empresa trasladar a términos concretos los elementos vitales misión. Ya que los objetivos determinan las metas de la empresa y los medios para alcanzarlos y se convierte en elemento operativo de la misión.

Los objetivos no son medibles en cuanto a tiempo, pero se asocia que los generales son a largo plazo y los específicos a corto y mediano plazo. Sin embargo son determinantes y deben cumplirse.

En la planificación estratégica, todos los objetivos serán generales, es decir definirán las metas globales propuestas en la misión.

Planificación Estratégica

Existen varios criterios que deben guiar la formulación de los objetivos, los cuales explicamos a continuación:

- Los objetivos deben ser claros.

- Los objetivos deben expresar un fin.

- Los objetivos ser el reflejo de lo que la organización desea o quiere hacer.

- Los objetivos no son explicativos.

Analizar los recursos de la empresa

Toda empresa para operar necesita de cuatro recursos fundamentales:

- Recursos humanos
- Recursos financieros
- Recursos físicos
- Recursos Tecnológicos

Planificación Estratégica

A. Recursos humanos:

Se puede definir los recursos humanos de una empresa como la totalidad de las personas que intervienen directa o indirectamente en el proceso de un producto, o servicio.

Cuando se habla de forma directa se refiere a la mano de obra, y a la indirecta, se refiere al personal de apoyo administrativo.

Cada empresa debe valorar sus recursos humanos. Para ello debe: Planificar las necesidades futuras, equilibrio y desarrollo.

B. Recursos financieros:

Los recursos financieros de una empresa lo constituyen todos los activos, pasivos y capital de una organización.

Activos:

Son todos los valores de una empresa, representados por sus bienes, sean estos tangibles e intangibles.

Pasivos:

Son todas las obligaciones de una empresa, representada en las deudas a corto y largo plazo.

Capital:

Constituye la diferencia entre el activo y pasivo. Es aportado por los accionistas de una empresa, a una empresa le interesan dos aspectos en un

Análisis financiero:

Solvencia

Rentabilidad

La solvencia está determinada por la capacidad de pago a los acreedores.

Rentabilidad

Está determinada por las utilidades que quedan posteriormente a un ciclo contable a una empresa.

Para saber que tan rentable es una empresa, es necesario hacer un análisis financiero.

Análisis Financiero

Es un estudio comparativo que se hace entre varios periodos contables o en un periodo contable.

2. Recursos Físicos

Compuesto por la planta física, la maquinaria y equipo, necesaria para elaborar un producto o servicio.

Los activos fijos de una empresa, y deben satisfacer las necesidades de:

- l. El producto.
- m. El mercado
- n. El operario
- o. La organización
- p. El consumidor

Los siguientes factores habrán de determinar el campo de acción de la empresa:

- a. La demanda
- b. La distribución
- c. El diseño
- d. La seguridad
- e. La responsabilidad social

E. Recursos tecnológicos

Los recursos tecnológicos de una empresa está representado por la habilidad de crear y re aplicar el conocimiento que les permita mostrar flexibilidad y capacidad administrativa para coordinar efectivamente su potencial productivo.

1. Examinar el Ambiente

Toda empresa cuenta con dos ambientes, el ambiente externo y el interno.

Ambiente externo

Se refiere a las instituciones o fuerzas externas a la organización y que afectan su desempeño.

El ambiente externo se divide en macro ambiente y micro ambiente.

A. El macro ambiente lo constituye:

   a. Demografía.
   b. Situación económica.
   c. Competencia.
   d. Fuerzas sociales y culturales.
   e. Fuerzas políticas y legales.
   f. Tecnología.

B. El micro ambiente lo constituye:

   a. Los proveedores
   b. Los intermediarios
   c. Los clientes

C. Ambiente interno

Se refiere a las fuerzas internas de la organización que son controladas por la administración de la empresa. Estas fuerzas internas incluyen:

a. La capacidad de producción
b. Capacidad financiera
c. Capacidad de personal
d. Investigación y desarrollo

Una vez realizado todo el análisis correspondiente la empresa está lista para el diseño de los planes de acción, los cuales se diseñan para alcanzar resultados inmediatos. Para lograr estos objetivos más pequeños en períodos menores de tiempo. Tareas más específicas y no tan globales como serían las estrategias.

¿Qué debe hacer cada persona en concreto?
¿Cuándo lo debe hacer?
¿Cómo lo debe hacer?
¿Quién lo debe hacer?
¿Con qué recursos cuenta?

2. Planificación del trabajo y tareas
Recursos técnicos, económicos y humanos
Organización

A. CONTROLES A EMPLEAR

Se deberán establecer procedimientos de control que nos permitan medir la eficacia de cada una de las acciones, así como determinar que las tareas programadas se realizan de la forma, método y tiempo previsto.

Existen tres tipos de control:

a. Preventivos

Son aquellos que determinamos con antelación como posibles causas de error o retardo. Permiten tener una acción correctora establecida en el caso de producirse.

b. Correctivos

Se realizan cuando el problema ha sucedido.

c. Tardíos
Cuando ya es demasiado tarde para corregir.

Por este motivo conviene que establezcamos controles preventivos para cada una de las acciones propuestas.

D. Retroalimentación en la planificación

A medida que vamos implantando el plan de mercadeo puede darse la circunstancia de que algunas condiciones iníciales cambien. Por ejemplo alguna reacción de la competencia, entrada al mercado de nuevos productos.

Esto implica que debemos corregir el Plan de mercadeo según convenga. El mercadeo no debe ser rígido e inamovible. Por el contrario debe mostrar cierta flexibilidad en su aplicación. Es importante establecer un plan de contingencias para cada posible situación nueva.

PLANIFICACIÓN FINANCIERA

El objetivo de este apartado se centra en la necesidad de planificar los costos y presupuestos relacionados con el Plan de Mercadeo.

Es necesario prever con antelación toda y cada uno de los costes así como los diferentes presupuestos que asignaremos a cada departamento.

A. Costos de Publicidad y Promoción
B. Costos e ingresos de Ventas
C. Costos de Investigación
D. Costos de Desarrollo de Producto
E. Costos Logísticos y de distribución
F. Márgenes y punto de equilibrio
G. determinación de presupuesto para cada departamento / área

3. DIFICULTADES DENTRO DE UN PLAN DE MERCADEO

Existen ciertas dificultades que no podemos obviar en cuanto a la implantación del plan de mercadeo. Así mismo conviene identificarlas con el fin de prevenirlas. Las más conocidas son las siguientes:

a. Objetivos mal definidos o desmesurados
b. Falta de medios técnicos, humanos o financieros
c. No prever la posible reacción de la competencia
d. No disponer de planes alternativos
e. Poca planificación en cuanto a la ejecución de las acciones
f. Falta de implicación por parte de la Dirección
g. No establecer controles adecuados
h. Personal poco motivado o formado

Planificación Estratégica

i. Selección del mercado inadecuado
j. Falta de previsión en cuanto a planes de contingencia
k. Escasa información del mercado
l. Análisis de la información poco preciso
m. Exceso de información y de trámites burocráticos innecesarios
n. Descoordinación entre los diferentes departamentos de la empresa

4. Para alcanzar el máximo de eficacia en la ejecución de un Plan de Mercadeo debe incluir los siguientes elementos:

1. Cobertura de mercado y distribución: puede ser local, regional, nacional o internacional. La distribución puede ser directa a los consumidores o detallista o puede requerir un mayorista, distribuidor o agente.

2. Segmentación de mercado: Un segmento de mercado es un grupo de clientes que comparten características comunes que les diferencian de otros clientes. Los segmentos de mercado se describen en términos geográficos, demográficos o pictográficos.

Planificación Estratégica

3. Cambios y tendencias de la demanda de mercado: La empresa describirá cualquier cambio significativo que se haya producido en el mercado en los últimos años.

4. Principales clientes y concentración: ¿Quiénes son los principales clientes de la empresa? ¿Cuáles son los principales clientes de la empresa? ¿Cuáles son sus características claves? ¿Qué desean y necesitan de los productos?

5. Tácticas de venta: Se describirá el método que se utiliza o que se pretende utilizar para los productos o servicios de la empresa. ¿Utilizará la empresa un equipo propio de vendedores, o recurrirá a representantes, distribuidores o detallistas? ¿Qué papel desempeñarán la publicidad, la promoción y las relaciones públicas?

6. Participación en el mercado y ventas: ¿Qué participación del mercado total del sector corresponde a su empresa?

Planificación Estratégica

7. Objetivos: Tomando como base la información recogida en los apartados anteriores ¿qué debe conseguir la campaña de mercadeo de la empresa? ¿Aumentar los beneficios? ¿Poner fin a un descenso de las ventas? ¿Dar réplica a la competencia? ¿Aprovecharse de la debilidad de la competencia?

8. Estrategia: La estrategia de la empresa habrá de incluir los ocho puntos clave de la moderna combinación de mercadeo: envase, producto, precio, ofertas especiales, promoción, distribución física, venta personal y publicidad.

9. Combinación de medios: El comercializador de hoy en día tiene a su disposición una amplia gama de medios, entre los que cabe citar la prensa diaria local, regional y nacional, las publicaciones sectoriales, las revistas, la radio y TV, el correo directo, la publicidad exterior, los acontecimientos especiales, las relaciones comunitarias y la venta personal.

10. Presupuesto: La asignación de un presupuesto es una de las decisiones más difíciles que se han de tomar dentro de la empresa. No hay una fórmula infalible para la determinación de un presupuesto.

Planificación Estratégica

5. Propósito del Plan de Mercadeo

Descripción del entorno de la empresa: Permite conocer el mercado, competidores, legislación vigente, condiciones económicas, situación tecnológica, demanda prevista, así como los recursos disponibles para la empresa.
Control de la Gestión: Prevé los posibles cambios y planifica los desvíos necesarios para superarlos, permitiendo encontrar nuevas vías que lleven a los objetivos deseados. Permite así, ver con claridad la diferencia entre lo planificado y lo que realmente está sucediendo.

6. Alcance de los objetivos: La programación del proyecto es sumamente importante y, por ello, todos los implicados han de comprender cuáles son sus responsabilidades y como encajan sus actividades en el conjunto de la estrategia.

A. Captación de recursos: De hecho, es para lo que se usa el Plan de Mercadeo en la mayoría de las ocasiones.
Optimizar el empleo de recursos limitados:

Planificación Estratégica

Las investigaciones efectuadas para realizar el Plan de Mercadeo y el análisis de las alternativas estratégicas estimulan a reflexionar sobre las circunstancias que influyen en el proceso a desarrollar y sobre los eventos que pueden aparecer, modificando ideas y los objetivos previos. Organización y temporalidad: En cualquier proyecto es fundamental el factor tiempo, casi siempre existe una fecha de terminación que debe ser respetada.

Es, por ello, importante programar las actividades de manera que puedan aprovecharse todas las circunstancias previsibles para llevar a cabo el plan dentro de los plazos fijados. La elaboración del plan intenta evitar la su optimización, o lo que es lo mismo, optimizar una parte del proyecto en detrimento de la optimización del conjunto, por otra parte, se logra que cada uno sepa que ha de hacer dentro del Plan y cuando.

Planificación Estratégica

Analizar los problemas y las oportunidades futuras: El análisis detallado de lo que se quiere hacer mostrará problemas en los que no se había pensado al principio. Esto permite buscar soluciones previas a la aparición de los problemas. Asimismo, permite descubrir oportunidades favorables que se hayan escapado en un análisis previo.

Capítulo V
El Futuro de la planificación estratégica.

El rompimiento de fronteras al comercio mundial es un hecho, esto implica un comercio mundial más competitivo y de fácil acceso a los inversionistas extranjeros, lo cual habrá de generar una fuerte competencia, como parte de la globalización económica. Para sobrevivir a estos retos, las empresas tendrán que competir, y para competir hay que producir, esta producción **va** requerir mayor eficiencia y eficacia, dentro de un marco de calidad, pero la calidad es una estrategia y las estrategias se deben de planificar.

d. Habrá necesidad de segmentar el mercado, de contratar más personal, de aumentar la capacidad de la empresa, de mejorar la calidad del producto, de generar nuevos productos.

Planificación Estratégica

A estas opciones tendrá que responder la empresa, por tanto la pequeña empresa y la mediana empresa, tendrán que trabajar mucho, planificar su futuro y definir sus estrategias a mediana y largo plazo para poder sobrevivir a los retos del mercado.

Uso y aplicación de un plan de negocio para la pequeña y mediana empresa.

¿Por qué Hacer un Plan de Negocios?

Si está pensando en empezar una pequeña empresa, o si ya la ha empezado, un plan de negocios puede ser una herramienta fundamental para que su empresa sea un éxito. Algunos emprendedores podrían decir que su negocio es muy dinámico, exigiendo cambios constantes para enfrentar un mercado que avanza a un paso muy rápido y no pueden estar amarrados con un plan de negocios. Pero el plan de negocios para su pequeña empresa no es un documento que se confecciona una sola vez y después se archiva y se olvida.

Planificación Estratégica

Debiera ser un instrumento que va evolucionando junto con su negocio, adaptándose a los cambios, y debiera servir como herramienta que se ocupa y se consulta con frecuencia para mantenerle bien encaminado en la dirección estratégica de su empresa y para conducirle en nuevas direcciones para aprovechar las oportunidades que se presenten en el camino.

Cuando está recién empezando y se pone a pensar y redactar el plan, se le aclara qué es lo que quiere hacer y cuál es la mejor manera de hacerlo. Quizás el ejercicio de redactar el plan le va a llevar a la conclusión que su idea original no fue tan factible, desde una perspectiva comercial y financiera. Pero eso no significa que no puede adaptar el plan y hacer cambios. Y por cierto no significa que no puede desarrollar otra idea y transformarla en un negocio exitoso. El plan de negocios puede ayudarle en hacerlo.

Desarrollar el plan le obliga a pensar en aspectos que quizás no le habían ocurrido antes. El ejercicio le ayuda en identificar posibles problemas que puedan presentarse más adelante, para que pueda buscar soluciones nuevas e innovadoras.

Cuando piensa en su plan, también le pueden ocurrir alternativas en cuanto a los productos y servicios que ofrece, para aprovechar posibles oportunidades en el mercado. Una de las principales razones de por qué algunas pequeñas empresas tengan más éxito que otras es la disponibilidad de suficiente capital para la puesta en marcha y la etapa inicial de operaciones. Un plan de negocios le puede ayudar en determinar sus requerimientos de capital. El plan de negocios da seriedad y credibilidad a su pequeña empresa cuando está tratando con prestadores, inversionistas y proveedores.

¿Qué se Incluye en el Plan de Negocios?

El plan de negocios sirve a usted como una forma de definir su empresa e identificar sus metas. Puede ocupar el plan para que su negocio parta en forma enfocada y organizada, para asignar los recursos eficientemente, para prepararse para dificultades imprevistas y para tomar buenas decisiones. Pero además de servir a usted mismo en su gestión del negocio, el plan también provee información que otras personas necesitan o quieren saber acerca de su negocio.

Planificación Estratégica

Un plan de negocios bien redactado puede ser presentado a bancos y otros prestadores, y a posibles socios o inversionistas. Su plan también puede ocuparse como fuente de información para proveedores y futuros trabajadores, para dar credibilidad y generar confianza en su negocio. Por lo tanto, el plan de negocios debiera tener información objetiva, bien fundamentada y organizada. Una de las principales razones de por qué algunas pequeñas empresas tengan más éxito que otras es la disponibilidad de suficiente capital para la puesta en marcha y la etapa inicial de operaciones. Un plan de negocios le puede ayudar en determinar sus requerimientos de capital.

El plan de negocios da seriedad y credibilidad a su pequeña empresa cuando está tratando con prestadores, inversionistas y proveedores.

Otro factor crítico al éxito es la capacidad de gestionar adecuadamente el negocio, para prever y superar las dificultades, identificar y aprovechar oportunidades, adaptarse a los cambios que ocurren en el mercado, controlar los costos y maximizar las ganancias, y generalmente operar el negocio de una manera eficaz y eficiente. Un buen plan puede ayudarle en todos estos aspectos, al prepararle para:
• Conseguir financiamiento,

Planificación Estratégica

- **Manejar las finanzas en forma responsable,**
- **Desarrollar eficientemente los productos o servicios que los clientes necesitan o desean, y para los cuales están dispuestos a pagar un buen precio,**
- **Gestionar el crédito y las cobranzas,**
- **Encontrar y seleccionar proveedores de calidad y confiabilidad,**
- **Cumplir las normativas gubernamentales y reglamentarias y**
- **Crecer cuando se presenta la oportunidad.**

Capítulo VI

Modelo de la Estructura *de un Plan de Negocios.*

No existe un formato estándar para un plan de negocios. Puede haber varios formatos sugeridos que se pueden adaptarse y acomodarse a su negocio en particular. El plan debiera reflejar lo que es único y diferente de su negocio. Debiera plantear claramente lo que usted quiere hacer en el negocio y cómo pretende hacerlo, en forma directa, clara y objetiva.

Para servir su propósito de una fuente de información y una herramienta de planificación y gestión del negocio, se debiera tratar en el plan algunos temas básicos que son importantes en cualquier negocio. A continuación se incluyen los elementos del contenido estructural de un plan de negocio:

Contenido:

1. Descripción del Negocio:
Ésta podría verse como la declaración de propósito o misión; el por qué está estableciendo este negocio y qué es lo que espera lograr con ello.

Planificación Estratégica

Podría dar una descripción del producto o servicio y cómo piensa desarrollar y llevar a cabo el proceso de fabricar el producto y entregarlo al mercado, o cómo piensa desarrollar y realizar la actividad de prestación de servicios. También podría indicar el lugar donde está establecido el negocio, el alcance del mercado que pretende atender y los plazos para las etapas de desarrollo, puesta en marcha y el inicio de operaciones. Esta sección va a variar de un negocio a otro, dependiendo de las características individuales de cada uno, pero la idea es establecer claramente lo que está pensando en hacer, para que otros puedan entender y apreciar sus planes.

3. Marketing:

Aquí se identifica el mercado objetivo, si se trata de un nicho del mercado, cuál es ese nicho, la dimensión aproximada del mercado y cómo piensa hacer que su producto o servicio llegue a sus clientes. También podría identificar los principales competidores. Esta sección establece los fundamentos para su estrategia de marketing.

4. Finanzas

Todo negocio involucra el dinero; ganar y recibirlo y gastar e invertirlo. Esta sección será especialmente importante para los posibles prestadores, socios, inversionistas y también para usted. Cuando redacta esta sección sobre las finanzas, tendrá que pensar en sus requerimientos de financiamiento, los recursos que tiene para empezar el negocio, de dónde vendrán su capital para la puesta en marcha y el capital de trabajo inicial, que fuentes de financiamiento ya tiene, y una aproximación del retorno sobre la inversión que espera lograr. Podría incluir un presupuesto para la puesta en marcha y el período inicial de operaciones.

Esta sección debiera incluir estados financieros, incluidos el balance general, el estado de resultados, y estado de flujos de efectivo. Pueden ser estados financieros actuales, si los tiene, o pro formas estimadas y proyectadas en base de la mejor información de que dispone.

5. Administración:

En la sección sobre la administración se concentra básicamente en la operación del negocio, en cuanto a quién va a hacer qué cosa, identificando la asignación de responsabilidades, la delegación de autoridad, los procedimientos operacionales, controles internos y en general, cómo se van a llevar a cabo las actividades del día a día en el negocio.

Se debiera indicar la personalidad jurídica que tiene su pequeña empresa, que sea un negocio de propietario único, una sociedad colectiva, una sociedad de responsabilidad limitada o sociedad anónima. También puede ser que la suya sea una organización sin fines de lucro.

Esta sección debiera incluir información sobre usted mismo, como propietario del negocio, como por ejemplo su currículum vitae indicando sus calificaciones y experiencia según se relaciona con el negocio que está planificando. Si tiene pericia en su campo, incluya sus antecedentes académicos, grados, certificaciones, títulos y cualquiera otra información que demuestra que usted es la persona indicada para hacer que este negocio tenga éxito. Si está trabajando con socios, incluya la misma información sobre ellos.

6. Resumen Ejecutivo

Es conveniente incluir un resumen ejecutivo en su plan de negocios. Puede ir al principio o al final del plan, pero probablemente será una de las últimas secciones que redacta, una vez que haya trabajado en las otras secciones y puede condensar la información en un sinopsis general de sus planes para el negocio .Se debiera pensar en el primer borrador del plan como el punto de partida para su pequeña empresa. Es importante recordar que es su negocio, así puede ajustar, modificar y cambiar el plan según el crecimiento y evolución del negocio, y puede agregar información adicional para incorporar al plan. **Incorporando los Aspectos y Beneficios de sus Productos al Plan de Negocios**

Cuando está trabajando en el plan, uno de los aspectos más importantes es una identificación clara de los productos, incluidos los servicios para estos efectos, que piensa ofrecer y sus ventajas comparativas. Se puede pensar en los productos en términos de sus aspectos especiales y sus beneficios.

Los aspectos son las características que identifican y diferencian sus productos y los beneficios son las necesidades o los deseos de los clientes que usted pretende satisfacer con los aspectos especiales de sus productos.

Los aspectos son características relativamente objetivos que se pueden definir y desarrollar. Los beneficios puedan ser un poco más difíciles de definir, ya que dependen de cómo el cliente percibe los aspectos de su producto. Para ser de beneficio, un producto debe satisfacer una necesidad o entregar algún tipo de premio al cliente. Un premio puede ser financiero, por ejemplo, su producto podría ahorrarle dinero al cliente al ofrecerle un producto más eficiente en cuanto al costo, o que podría permitir que el cliente haga más dinero al proveerle una parte, componente, equipo o servicio que puede ocupar en su propio negocio.

Los beneficios de su producto también puedan ser premios más subjetivos, que hacen que los clientes se sientan mejor de alguna manera. En este sentido, quizás su producto no está satisfaciendo una necesidad, pero está entregando al cliente algo que quiere y con lo que puede identificarse.

Planificación Estratégica

Cuando usted tiene una idea clara de los aspectos especiales de su producto (lo que es único o distinto) y los beneficios que su producto puede entregarle al cliente, estará en mejores condiciones de:
- Contar a sus clientes acerca de su producto en términos que sean relevantes para ellos,
- Mostrar a los clientes lo que hace que su producto sea distinto de los productos de sus competidores y los beneficios que ofrece su producto, y
- Determinar los precios y las estrategias de marketing que reflejan los aspectos especiales y los beneficios de su producto.

Diferenciar su producto en base de sus aspectos especiales y sus beneficios, y distinguirlo de los otros productos que existen en el mercado constituye una estrategia de marketing importante. Atrae la atención de los clientes y capta su interés en su producto.

Las siguientes son algunas de las estrategias de marketing que puede ocupar, en base de los aspectos especiales que tiene su producto:
- Cuando su producto es algo nuevo y único, usted puede identificarse como el primero para ofrecer este producto.

Planificación Estratégica

Puede ser que está ofreciendo una versión mejor de un producto ya existente, que acomoda más las necesidades y expectativas de los clientes. Esto demuestra que usted se preocupa por sus clientes. En esto, es importante mantenerse actualizado con respecto a los cambios y las tendencias en los gustos y las preferencias de los clientes, adaptar su producto para acomodarlo a los cambios e informar a sus clientes acerca de las modificaciones y mejoras que usted está haciendo.

• A veces puede agrupar los productos y servicios, para ofrecer un "paquete" completo. Los clientes puedan estar atraídos a sus productos y servicios, con el conocimiento que pueden conseguir más en un solo lugar, que sea su negocio. Tener un buen entendimiento de los productos y servicios que quiere ofrecer, y cómo van a satisfacer mejor las necesidades y deseos de los clientes le ayuda en desarrollar su estrategia de marketing, que debiera formar parte de su plan de negocios.

Documentación de Respaldo que debe contener su plan de negocio:

A su plan de negocios debe contener todos los documentos que apoyen sus objetivos, para darlo más solidez. Al principio puede incluir los documentos que tiene, y mientras sus planes avanzan, puede agregar documentación adicional. Además se debiera incluir copias de las siguientes tipos de documentos:

- Escrituras y otros documentos legales.
- Licencias y permisos,
- Contratos o cartas de intención de clientes y proveedores,
- Contratos de arrendamiento
- Contratos de compraventa
- Contrato de franquicia, según corresponda,
- Propuestas, cotizaciones y adjudicaciones,
- Listas de bienes de capital y suministros.
- Pólizas de seguros,
- Declaraciones de impuestos,
- Estados financieros,
- Análisis del punto de equilibrio y
- Proyecciones financieras.

Planificación Estratégica

Bibliografía

WilliamOBearden, Marketing Principles &Perspectives - 2007 publication

Philip Kotler (Author), Gary Armstrong (Author), Ang Swee Hoon (Author), Leong Siew Meng (Author), Tan Chin Tiong (Author), Oliver Yau (Author), **Principles of Marketing: A Global Perspective .2010 publication**

Richard J. Semenik B001IGUWYE (Author), Gary J. Bamossy (Auth~ Semenih; Bamossy; Vaughan (Author), Principles of Marketing: A Global Perspective (2010 edition)

Richard Blundel , B001HPEE0Y (Author), Kate Ippolito (Author) ,Effective Organisational Communication: Perspectives, Principles & Practices .(2009)

Judith S. Jones (Editor), Rene Von Schomberg (Editor),Implementing the Precautionary Principle: Perspectives . (2009)

Planificación Estratégica

Artículos de referencia:

"Understanding the strategic marketing process is essential for anyone looking to engage in marketing a product or service" by Gordon Hamilton, 02/2009.

"The strategic marketing process involves three crucial phases. These phases include: planning, implementation" by Julio Viskovich MBA, 01, 2009

'The basic principle of the process of strategic marketing is to strategically meet the needs and wishes of existing and by consumers" Georgios Gkoutzouvalos, 01, 2009

"What is Strategic Planning? Strategic planning is a top-down approach concerned with the long-term mission and objectives" by Christopher Blydenburgh, 07, 2009

Glosario de Términos de Marketing usados en este texto.

Accesibilidad: Grado hasta el cual es posible llegar a servir en un segmento de mercado.

Acercamiento: Etapa del proceso de venta en el que el vendedor conoce y saluda al comprador para establecer una buena relación desde el principio.

Actitud: Valoraciones favorables o desfavorables, opiniones y tendencias que sistemáticamente, presenta una persona respecto de un objeto o idea.

Adaptación del producto: Adaptación de un producto a las condiciones locales o deseos de los mercados extranjeros.

Administración de la fuerza de ventas: Análisis, planeación, ejecución y control de las actividades de la fuerza de ventas, incluyendo los objetivos fijados a ésta; diseño de su estrategia; y reclutamiento, selección, capacitación, supervisión y evaluación de los vendedores de la compañía.

Planificación Estratégica

Administración de mercadotecnia: Análisis, planeación, ejecución y control de programas diseñados para crear, construir y mantener intercambios provechosos con compradores objetivo a fin de lograr los objetivos de la organización.

Adopción: La decisión de un individuo de convertirse en usuario regular de un producto.

Agencias de servicios mercadológicos: Firmas de investigación de mercados, agencias publicitarias, medios de comunicación, firmas de consultoría en mercadotecnia y otros prestadores de servicios que auxilian a una empresa a colocar y promover sus productos en los mercados adecuados.

Agente Mayorista: Que representa a compradores o vendedores de manera relativamente permanente; desempeña sólo algunas funciones y no tiene derechos sobre los productos.

Alcance: Porcentaje de personas del mercado meta expuesto a una campaña publicitaria durante determinado tiempo.

Ambiente cultural: Instituciones y otras fuerzas que afectan los valores, percepciones, preferencias y comportamientos básicos de la sociedad.

Planificación Estratégica

Ambiente de mercadotecnia: Participantes y fuerzas ajenas a la mercadotecnia que influye en la capacidad de administración de la misma para desarrollar y sostener tratos exitosos con los clientes meta.

Ambiente económico: Factores que afectan el poder de compra y los patrones de gasto del consumidor.

Ambiente natural: Recursos naturales que los comerciantes necesitan para su producción o aquellos que se ven afectados por las actividades comerciales.

Ambiente político: Leyes, agencias gubernamentales y grupos de presión que influyen en diversas organizaciones e individuos de determinada sociedad y los limitan.

Ambiente tecnológico: Fuerzas que producen nuevas tecnologías, nuevos productos y oportunidades de mercado.

Análisis de gastos respecto de las ventas: Análisis de la relación entre los gastos de mercadotecnia y las ventas para mantener ésos en el nivel adecuado. Análisis financiero Análisis de la proyección de ventas, costos y utilidades de un nuevo producto

Planificación Estratégica

para determinar si dichos factores cumplen con los objetivos de la compañía.

Aprendizaje: Cambios en el comportamiento de un individuo derivados de la experiencia.

Cadena de tiendas: Dos o más establecimientos de propiedad y control asociados, que cuentas con un solo centro de compras y mercadeo y que venden géneros similares de mercancía.

Calidad del producto: Capacidad de un producto para desempeñar sus funciones; incluye durabilidad total, confiabilidad, precisión, facilidad de operación y reparación y otros atributos apreciados.

Canal de distribución (canal de mercadotecnia): Conjunto de compañías o individuos que adquieren derechos, o ayuda a transferirlos, respecto de un bien o servicio en su paso del productor al consumidor o usuario industrial.

Planificación Estratégica

Canal de distribución convencional: Canal que consiste en uno o más productores independientes, mayoristas y minoristas, quienes libremente buscan maximizar sus utilidades respectivas, aún a costa de los beneficios del sistema en su conjunto.

Canal de mercadotecnia directa: Canal de mercadotecnia directa que carece de niveles intermedios.

Canales de comunicación no personal: Medios que llevan mensajes sin tener contacto o retroalimentación personal, incluyendo los masivos y los selectivos, las atmósferas y los eventos.

Canales de comunicación personal: Canales mediante los cuales se comunican dos o más personas directamente, es decir, cara a cara, persona a auditorio, por teléfono o por correo.
Cartera de negocios Conjunto de negocios y productos que conforman la compañía.

Centro comercial: Grupo de negocios minoristas planeado, desarrollado, poseído y administrado como una unidad.

Planificación Estratégica

Centro de compras: Todos los individuos y unidades que participan en el proceso de decisión de compra en una organización.

Centro de distribución: Gran bodega automatizada que recibe productos de diferentes fábricas y proveedores, toma pedidos, los surte de manera eficiente y entrega la mercancía al cliente lo más rápido posible.

Ciclo de vida de la familia: Etapas por las que pasan las familias conforme maduran.

Ciclo de vida del producto (CVP): Curso de las ventas y ganancias de un producto durante la vida del mismo; incluye cinco diferentes etapas.

Cierre: Etapa del proceso de compra en la que el vendedor pide al cliente que haga el pedido.

Comercialización: Introducción de un nuevo producto al mercado.

Comerciante mayorista: Empresa independiente que posee los derechos sobre la mercancía que maneja.

Planificación Estratégica

Definición de la misión: Declaración del propósito general de la organización, esto es lo que la misma desea lograr en el contexto global.

Demanda derivada: Demanda organizacional que en última instancia proviene (o deriva) de la demanda de bienes de consumo

Demanda inelástica: Demanda total de un producto que no se ve muy afectada por cambios de precios, especialmente a corto plazo.

Demandas: Deseos humanos apoyados por el poder de compra.

Demografía: Estudio de las poblaciones humanas en cuanto a dimensiones, densidad, ubicación, edad, sexo, raza, ocupación y otras estadísticas.

Desarrollo de estrategia de mercadotecnia: Diseño de una estrategia de mercadotecnia inicial para un nuevo producto basado en el concepto asociado al mismo

Planificación Estratégica

Desarrollo de nuevos productos: Desarrollo de productos originales, mejoras en un nuevo producto o modificaciones en el mismo, y nuevas marcas desarrolladas por la sección de investigación y desarrollo de la propia compañía.

Desarrollo del mercado: Estrategia de crecimiento de una compañía por la identificación y desarrollo de nuevos segmentos del mercado para productos que la compañía tiene en ese momento.

Desarrollo del producto: Estrategia de crecimiento de una compañía ofreciendo productos modificados o nuevos a los mismos segmentos del mercado; desarrollo del concepto del producto en un producto físico para garantizar que la idea puede convertirse en un producto viable.

Descuento: Reducción directa en el precio de compra durante un período determinado.

Descuento promocional: Reducción en el pago o precio para recompensar a los vendedores por su participación en la publicidad y programas de apoyo de las ventas.

Planificación Estratégica

Deseos humanos: Forma que adopta una necesidad humana tal como la conforma la cultura y la personalidad del individuo.

Diseño del producto: Proceso de diseño del modelo y función de un producto y creación de uno que sea atractivo, fácil, seguro, y poco costoso de usar, así como sencillo y económico de producir y distribuir.

Disonancia cognoscitiva: Malestar de consumidor provocado por un conflicto; después de la compra; los consumidores se sientes contrariados al haber adquirido las desventajas de la marca comprada y no contar con los beneficios y no contar con los beneficios de las marcas descartadas.

Disposición de los compradores: Etapas por las que normalmente pasa un consumidor cuando va a comprar; incluye conciencia, conocimiento, gusto, preferencia, convicción y compra.

Planificación Estratégica

Distorsión selectiva : Tendencia de las personas a adaptar la información a su propio significado.

Eventos: Actos organizados para comunicar mensajes a auditorios objetivos, tales como conferencias de prensa y estrenos.

Fijación de precios por penetración de mercado: Determinación de un precio bajo para un nuevo producto con el fin de atraer una gran cantidad de compradores y una considerable participación en el mercado.

Franquicia: Asociación contractual entre un fabricante, un mayorista o una organización de servicio (como concesionador) y empresarios independientes (concesionarios) que compran el derecho a poseer y operar una o más unidades del sistema de concesiones.

Mercadotecnia orientada al consumidor: Principio de mercadotecnia ilustrada que sostiene que una compañía debe considerar y organizar sus actividades de mercadotecnia desde el punto de vista del consumidor.

Mezcla de mercadotecnia: Conjunto de variables controlables que una firma combina para provocar la respuesta que quiere en el mercado meta.

Mezcla de producto: Conjunto de todas las líneas de productos y artículos que un vendedor ofrece a sus compradores.

Mezcla de promoción: Mezcla específica de publicidad, ventas personales, promociones de ventas y relaciones públicas que una compañía utiliza para conseguir sus objetivos de publicidad y mercadotecnia.

Microambiente: Conjunto de factores en el entorno inmediato de una empresa que influyen en la capacidad de esta para servir a sus clientes, es decir a la propia compañía, sus intermediarios, sus mercados meta, los competidores y los públicos que atiende.

Minoristas: Negocios cuyas ventas son principalmente al menudeo.

Minoristas con servicios completos: Vendedores al menudeo que ayudan a los consumidores en todas las fases del proceso de compra y proporcionaba una amplia variedad de servicios adicionales.

Planificación Estratégica

Minoristas con servicios limitados: Vendedores al menudeo cuyo apoyo en las ventas y servicios adicionales, como crédito y devolución de mercancías, es limitado.

Misión nueva: Situación industrial de compra en la que el comprador adquiere por primera vez un bien o servicio.

Moda: Estilo generalmente aceptado o popular en cierto campo en un momento dado.

Monopolio puro: Mercado en el que hay un solo vendedor; podría ser un monopolio gubernamental, privado reglamentado o privado no reglamentado.

Motivo (o impulso): Necesidad suficientemente apremiante como para que la persona busque la satisfacción de esa necesidad.

Muestra: Segmento de la población seleccionado para una investigación de mercado como representativa de la totalidad de la población.

Multimercadotecnia: Distribución a través de muchos canales, como cuando una sola empresa establece dos o más canales de distribución para llegar a uno a más segmentos de clientes.

Planificación Estratégica

Producto: Cualquier cosa que puede ofrecerse a un mercado para su atención, adquisición, uso o consumo y que podría satisfacer una necesidad o deseo; se incluyen objetos físicos, servicios, personas, lugares, organizaciones e ideas.

Producto aumentado: Servicios y beneficios adicionales para el consumidor en tormo a los productos núcleos y reales.

Producto esencial: Servicios que resuelven problemas o beneficios básicos que los consumidores realmente adquieren cuando compran un producto.

Producto real : (Componentes, modelos) características, marca de fábrica, empaque y otros atributos que se combinan para confirmar los beneficios fundamentales del producto.

Programa de acción: Programa detallado que muestra lo que debe hacerse, quién lo hará, y cómo se coordinarán las decisiones y medidas para poner en marcha los planes y la estrategia de mercadotecnia.

Planificación Estratégica

Programación de la distribución: Establecimiento de un sistema vertical de mercadotecnia planeado y administrado de modo profesional que satisface las necesidades tanto del fabricante como de los distribuidores.

Pronóstico: Predecir lo que el consumidor hará bajo ciertas circunstancias.

Propaganda: Actividades para promover a una compañía o sus productos insertando noticias no pagadas por el patrocinador en los medios de comunicación.

Publicidad: Cualquier forma remunerada de presentación no personal y con promoción de ideas, bienes o servicios por un patrocinador identificado.

Público: Cualquier grupo con un interés potencial o real influjo efectivo en la capacidad de la organización para lograr sus objetivos, o ejerce un impacto en la misma.

Suministros y servicios: Bienes industriales que no forman parte del producto terminado.
Tamizado de ideas Selección de ideas sobre nuevos productos para detectar las buenas y descartar las malas tan pronto como sea posible.

Planificación Estratégica

Tienda de descuento: Establecimiento de venta al menudeo que vende mercancías estándar a precios más bajos al aceptar márgenes menores y vender mayores volúmenes.

Tienda por departamentos: Organización de ventas al menudeo que incluye una amplia variedad de línea de productos, como prenda de vestir, muebles domésticos y artículos para el hogar; cada línea ocupa un departamento independiente administrado por compradores o comerciantes especializados.

Ventaja competitiva: Ventaja sobre los competidores obtenida por ofrecer precios más bajos a los consumidores por proporcionarles a éstos más beneficios que justifiquen precios más altos.

Ventas personales: Presentación oral durante una conversación con uno o más probables compradores efectuados con el propósito de vender.

Fuentes original. www.Mujeresempresa.com

Planificación Estratégica

Derechos reservados

© Bubok Publishing S.L., 2013

2ª edición revisada

ISBN: ISBN 978-1-291-30779-5

Registro: 9781291-307795

Impreso en España / Printed in Spain

Impreso por Bubok.es

Para editorial nuevoamanacer.us

www.ingramcontent.com/pod-product-compliance
Lightning Source LLC
Chambersburg PA
CBHW022123170526
45157CB00004B/1727